Asha Sohal

"Nexos de rede: Tecnologias de ligação num mundo conectado"

Asha Sohal

"Nexos de rede: Tecnologias de ligação num mundo conectado"

ScienciaScripts

This book is a translation from the original published under ISBN 978-620-7-64783-5.

Publisher:
Sciencia Scripts
is a trademark of
Dodo Books Indian Ocean Ltd. and OmniScriptum S.R.L publishing group

120 High Road, East Finchley, London, N2 9ED, United Kingdom
Str. Armeneasca 28/1, office 1, Chisinau MD-2012, Republic of Moldova, Europe
Printed at: see last page
ISBN: 978-620-7-71751-4

"Nexos de rede: Tecnologias de ligação num mundo conectado"

Índice

Parte I: Fundamentos do trabalho em rede

1. Introdução às redes informáticas

1.1 O que é o trabalho em rede?

A ligação em rede refere-se à prática de ligar computadores e outros dispositivos para partilhar recursos, trocar dados e facilitar a comunicação. Este sistema interligado pode ir de uma simples rede doméstica com poucos dispositivos a vastas e complexas redes empresariais e globais.

Os principais componentes do trabalho em rede incluem:

- **Dispositivos**: Computadores, servidores, smartphones, impressoras e dispositivos IoT.

- **Meios de comunicação**: Cabos físicos (como Ethernet) e sinais sem fios (Wi-Fi, Bluetooth).

- **Protocolos**: Regras e convenções para a comunicação (TCP/IP, HTTP, FTP).

- **Infra-estruturas**: Routers, switches, hubs e pontos de acesso que gerem o tráfego de dados.

1.2 História e evolução

A história das redes remonta a várias décadas, com marcos significativos a marcar a sua evolução:

Década de 1950-1960:

- **As primeiras redes de computadores**: O conceito começou com a ligação de computadores mainframe a terminais.

- **Comutação de pacotes**: Introduzida na década de 1960, permitiu que os dados fossem divididos em pacotes e transmitidos através de uma rede partilhada.

1970s:

- **ARPANET**: Desenvolvida pela Agência de Projectos de Investigação Avançada (ARPA) do Departamento de Defesa dos EUA, a ARPANET é considerada a precursora da Internet. Demonstrou a viabilidade da comutação de pacotes para a comunicação a longa distância.

- **Ethernet**: Inventada por Robert Metcalfe em 1973, a Ethernet tornou-se o padrão para redes locais (LANs).

1980s:

- **Conjunto de protocolos TCP/IP**: Adotado como o protocolo de rede padrão, permitindo a interligação de redes diferentes, formando a Internet inicial.

- **Redes comerciais**: As empresas começaram a criar redes privadas e tecnologias de rede como o Novell NetWare ganharam popularidade.

1990s:

- **World Wide Web**: Inventada por Tim Berners-Lee em 1989, a Web popularizou a Internet, tornando-a acessível ao público em geral.

- **Redes sem fios**: Introdução do Wi-Fi, permitindo redes locais sem fios (WLANs).

Anos 2000 até à atualidade:

- **Banda larga e fibra ótica**: O acesso à Internet de alta velocidade generalizou-se, com a fibra ótica a oferecer velocidades e largura de banda ainda maiores.

- **Redes móveis**: A ascensão dos smartphones e da Internet móvel, incluindo as redes 3G, 4G e, atualmente, 5G.

- **Computação em nuvem**: Redes adaptadas para suportar serviços baseados na nuvem, permitindo um acesso escalável e flexível aos recursos.

- **IoT**: A Internet das Coisas liga objectos do quotidiano à rede, criando vastas redes de dados e novas aplicações.

1.3 Modelos e normas de ligação em rede

Os modelos e normas de ligação em rede asseguram a interoperabilidade e a comunicação eficiente entre dispositivos e sistemas. Os dois modelos principais são o modelo OSI e o modelo TCP/IP.

Modelo OSI (Interligação de Sistemas Abertos): O modelo OSI é um quadro concetual utilizado para compreender as interacções de rede em sete camadas distintas:

1. **Camada física**:

- Trata da ligação física entre dispositivos, incluindo cabos, comutadores e hardware.

- Exemplos: Cabos Ethernet, fibra ótica.

2. **Camada de ligação de dados:**

- Gere a transferência de dados nó a nó e a deteção/correção de erros.

- Exemplos: Endereços MAC, Ethernet, comutadores.

3. **Camada de rede:**

- Trata do endereçamento lógico e do encaminhamento de pacotes de dados através da rede.

- Exemplos: Endereços IP, routers, IPv4, IPv6.

4. **Camada de transporte:**

- Garante uma transferência de dados fiável com recuperação de erros e controlo de fluxo.

- Exemplos: TCP (Transmission Control Protocol), UDP (User Datagram Protocol).

5. **Camada de sessão:**

- Gere sessões ou ligações entre aplicações.

- Exemplos: NetBIOS, PPTP.

6. **Camada de apresentação:**

- Traduz formatos de dados entre aplicações e a rede.

- Exemplos: Encriptação, compressão de dados, SSL/TLS.

7. **Camada de aplicação:**

- Interage com o utilizador final e fornece serviços de rede.

- Exemplos: HTTP, FTP, SMTP, DNS.

Modelo TCP/IP (Transmission Control Protocol/Internet Protocol): O modelo TCP/IP, que mapeia mais diretamente os protocolos do mundo real, tem quatro camadas:

1. **Camada de ligação**:

   - Corresponde às camadas OSI Física e de Ligação de Dados.

   - Exemplos: Ethernet, Wi-Fi.

2. **Camada de Internet**:

   - Corresponde ao nível de rede OSI.

   - Exemplos: IP, ICMP.

3. **Camada de transporte**:

   - Corresponde ao nível de transporte OSI.

   - Exemplos: TCP, UDP.

4. **Camada de aplicação**:

   - Engloba as camadas OSI de Sessão, Apresentação e Aplicação.

   - Exemplos: HTTP, FTP, SMTP, DNS.

Normas de ligação em rede: As normas de rede são desenvolvidas por várias organizações para garantir a compatibilidade e a interoperabilidade:

- **IEEE (Instituto de Engenheiros Eléctricos e Electrónicos)**:

  - Desenvolve normas para LAN/MAN (por exemplo, IEEE 802.3 para Ethernet, IEEE 802.11 para Wi-Fi).

- **IETF (Internet Engineering Task Force)**:

  - Desenvolve e promove normas para a Internet (por exemplo, documentos RFC, protocolos TCP/IP).

- **ISO (Organização Internacional de Normalização)**:

  - Desenvolve normas internacionais, incluindo o modelo OSI.

- **UIT (União Internacional das Telecomunicações):**

  - Centra-se nas normas globais de telecomunicações.

Estes modelos e normas constituem a base para a conceção, implementação e manutenção de sistemas de rede modernos, garantindo uma comunicação fiável e eficiente entre diversos dispositivos e plataformas.

2. Arquitetura da rede

2.1 Modelo OSI vs. Modelo TCP/IP

Modelo OSI (Interligação de Sistemas Abertos): O modelo OSI é um quadro concetual que normaliza as funções de um sistema de telecomunicações ou de computação em sete camadas distintas. Cada camada serve funções específicas e comunica com as camadas diretamente acima e abaixo dela.

1. **Camada física**:

   - Trata da ligação física entre dispositivos.

   - Exemplos: Cabos, interruptores.

2. **Camada de ligação de dados**:

   - Gere a transferência de dados nó a nó e a deteção de erros.

   - Exemplos: Endereços MAC, Ethernet.

3. **Camada de rede**:

   - Trata do endereçamento lógico e do encaminhamento de pacotes de dados.

   - Exemplos: Endereços IP, routers.

4. **Camada de transporte**:

   - Assegura uma transferência de dados fiável com recuperação de erros.

   - Exemplos: TCP, UDP.

5. **Camada de sessão**:

   - Gere sessões ou ligações entre aplicações.

   - Exemplos: NetBIOS, PPTP.

6. **Camada de apresentação**:

   - Traduz formatos de dados entre aplicações e a rede.

   - Exemplos: Encriptação, compressão de dados.

7. **Camada de aplicação**:

   - Interfaces com as aplicações do utilizador final.

   - Exemplos: HTTP, FTP, SMTP.

Modelo TCP/IP (Transmission Control Protocol/Internet Protocol): O modelo TCP/IP é uma estrutura mais prática e simplificada que mapeia mais diretamente os protocolos de rede do mundo real. Ele consiste em quatro camadas:

1. **Camada de ligação**:

   - Combina as camadas OSI Física e de Ligação de Dados.

   - Exemplos: Ethernet, Wi-Fi.

2. **Camada de Internet**:

   - Corresponde ao nível de rede OSI.

   - Exemplos: IP, ICMP.

3. **Camada de transporte**:

   - Corresponde ao nível de transporte OSI.

   - Exemplos: TCP, UDP.

4. **Camada de aplicação**:

   - Engloba as camadas OSI de Sessão, Apresentação e Aplicação.

   - Exemplos: HTTP, FTP, DNS.

Comparação:

- **Correspondência de camadas**: O modelo OSI tem sete camadas, enquanto o modelo TCP/IP tem quatro. A camada de Aplicação no TCP/IP combina a funcionalidade das camadas de Aplicação, Apresentação e Sessão do OSI.

- **Normalização**: O modelo OSI é mais teórico e abrangente, oferecendo uma estrutura detalhada. O modelo TCP/IP é mais prático e é utilizado como base para a Internet.

- **Flexibilidade**: O modelo OSI é utilizado como ferramenta de ensino e modelo de referência. O modelo TCP/IP é mais flexível para as redes do mundo real.

2.2 Topologias de rede

As topologias de rede referem-se à disposição física ou lógica dos dispositivos de rede e às ligações entre eles. As topologias de rede mais comuns incluem:

1. **Topologia de barramento**:

   - Todos os dispositivos partilham uma única linha de comunicação.

   - Vantagens: Simples, económico para pequenas redes.

   - Desvantagens: Podem ocorrer colisões, difícil de resolver problemas e de manter.

2. **Topologia em estrela**:

   - Todos os dispositivos estão ligados a um hub ou switch central.

   - Vantagens: Fácil de instalar e gerir, a falha de um dispositivo não afecta os outros.

   - Desvantagens: A falha do hub central afecta toda a rede.

3. **Topologia em anel**:

   - Os dispositivos são ligados de forma circular.

   - Vantagens: Os dados viajam numa só direção, reduzindo as colisões.

   - Desvantagens: Uma falha num dispositivo pode perturbar a rede.

4. **Topologia de malha**:

   - Todos os dispositivos estão ligados a todos os outros dispositivos.

   - Vantagens: Altamente fiável e tolerante a falhas.

   - Desvantagens: Instalação dispendiosa e complexa.

5. **Topologia em árvore**:

   - Combinação hierárquica das topologias em estrela e em barramento.

- Vantagens: Escalável e fácil de gerir.

- Desvantagens: Se o barramento principal falhar, toda a rede é afetada.

6. **Topologia híbrida**:

- Combinação de duas ou mais topologias diferentes.

- Vantagens: Flexível, adaptável a vários requisitos de rede.

- Desvantagens: A sua conceção e manutenção são complexas e dispendiosas.

2.3 Tipos de redes
Rede de Área Local (LAN):

- **Definição**: Uma rede que cobre uma pequena área geográfica, como uma casa, um escritório ou um edifício.

- **Características**:

  - Elevadas taxas de transferência de dados.

  - Alcance geográfico limitado (normalmente dentro de um edifício).

  - Utilizado para ligar computadores pessoais e estações de trabalho para partilhar recursos como impressoras e armazenamento de ficheiros.

- **Exemplos**: LANs Ethernet, redes Wi-Fi em casas e escritórios.

Rede de Área Ampla (WAN):

- **Definição**: Uma rede que abrange uma grande área geográfica, frequentemente um país ou continente.

- **Características**:

  - Taxas de transferência de dados mais baixas em comparação com as LANs.

  - Cobre grandes distâncias.

  - Utilizado para ligar várias LANs.

- **Exemplos**: A Internet, redes empresariais que ligam vários escritórios.

Rede de Área Metropolitana (MAN):

- **Definição**: Uma rede que se estende por uma cidade ou um grande campus.

- **Características**:

  - Gama intermédia entre LAN e WAN.

  - Elevadas taxas de transferência de dados.

  - Utilizado para ligar várias LANs numa cidade ou campus.

- **Exemplos**: Redes Wi-Fi em toda a cidade, redes de campus universitários.

Rede de Área Pessoal (PAN):

- **Definição**: Uma rede para dispositivos pessoais, normalmente num raio de alguns metros.

- **Características**:

  - Alcance muito limitado (alguns metros).

  - Utilizado para ligar dispositivos pessoais como smartphones, tablets e computadores portáteis.

  - Normalmente sem fios.

- **Exemplos**: Ligações Bluetooth, Wi-Fi Direct, ligações USB.

Estes vários tipos e topologias de rede são escolhidos com base em necessidades específicas, como o alcance, as taxas de transferência de dados e o número de dispositivos a ligar. Cada tipo serve diferentes objectivos e é adequado a diferentes ambientes e escalas.

3. Hardware de rede

1. Routers, Switches e Hubs
Routers:

- **Função**: Os routers ligam diferentes redes e encaminham os pacotes de dados entre elas. Gerem o tráfego entre dispositivos em redes locais (LANs) e redes externas (por exemplo, a Internet).

- **Características**:

    - **Roteamento**: Determina o melhor caminho para os pacotes de dados viajarem.

    - **NAT (Network Address Translation)**: Permite que vários dispositivos numa LAN partilhem um único endereço IP público.

    - **DHCP (Protocolo de Configuração Dinâmica de Anfitrião)**: Atribui automaticamente endereços IP a dispositivos numa rede.

    - **Firewall**: Proporciona segurança através do controlo do tráfego de entrada e saída da rede com base em regras de segurança pré-determinadas.

- **Tipos**: Routers domésticos (para uso residencial), routers empresariais (para empresas) e routers centrais (para fornecedores de serviços).

Interruptores:

- **Função**: Os comutadores ligam dispositivos dentro da mesma rede, permitindo-lhes comunicar diretamente entre si. Funcionam no nível de ligação de dados (nível 2) e, por vezes, no nível de rede (nível 3).

- **Características**:

    - **Tabela de endereços MAC**: Armazena endereços MAC para direcionar eficazmente os dados para o dispositivo correto.

    - **Suporte a VLAN**: Permite a criação de LANs virtuais para segmentar o tráfego de rede.

- **PoE (Power over Ethernet)**: Fornece energia a dispositivos ligados, como câmaras IP e pontos de acesso sem fios, através de cabos Ethernet.

- **Tipos**: Switches não geridos (simples, plug-and-play), switches geridos (configuráveis, suporte para funcionalidades avançadas) e switches inteligentes (um meio-termo com algumas funcionalidades de gestão).

Cubos:

- **Função**: Os hubs ligam vários dispositivos Ethernet, fazendo-os funcionar como um único segmento de rede. Funcionam no nível físico (Nível 1) e transmitem os dados de entrada para todas as portas.

- **Características**:

    - **Difusão**: Os dados enviados para um hub são transmitidos para todos os dispositivos ligados, independentemente do destinatário pretendido.

    - **Conectividade simples**: Fácil de utilizar, mas limitada em termos de funcionalidade e eficiência.

- **Tipos**: Hubs passivos (ligam simplesmente dispositivos sem qualquer amplificação), hubs activos (amplificam o sinal antes da transmissão) e hubs inteligentes (incluem funcionalidades básicas de gestão).

Comparação:

- **Eficiência**: Os routers e os switches são mais eficientes do que os hubs porque direccionam os dados apenas para o dispositivo pretendido, reduzindo o congestionamento da rede.

- **Funcionamento em camadas**: Os hubs funcionam na Camada 1, os switches principalmente na Camada 2 e os routers na Camada 3.

- **Utilização**: Os hubs estão, na sua maioria, obsoletos, tendo sido substituídos por switches e routers para melhor desempenho e funcionalidade.

2. Placas de interface de rede (NIC)
Placas de interface de rede (NICs):

- **Função**: As placas de rede são componentes de hardware que permitem a ligação de dispositivos a uma rede. Podem ser integradas na placa-mãe ou instaladas como placas de expansão.

- **Características**:

    - **Ligação física**: Fornecer portas para ligações com fios (por exemplo, Ethernet) ou antenas para ligações sem fios.

    - **Endereço MAC**: Cada placa de rede tem um endereço MAC único utilizado para a identificação da rede.

    - **Transmissão de dados**: Converte os dados num formato adequado para transmissão através do meio de rede.

    - **Velocidade**: Disponível em várias velocidades, tais como 10/100 Mbps (Fast Ethernet), 1 Gbps (Gigabit Ethernet) e 10 Gbps (10 Gigabit Ethernet).

- **Tipos**:

    - **NICs Ethernet**: Para ligações com fios, comuns em computadores de secretária e servidores.

    - **NICs sem fios**: Para ligações sem fios, comuns em computadores portáteis e dispositivos móveis.

    - **NICs de fibra**: Para ligações de fibra ótica, utilizadas em ambientes de rede de alta velocidade e de longa distância.

Instalação:

- **NICs internas**: Instaladas numa ranhura PCI ou PCIe na placa-mãe.

- **NICs externas**: Ligadas através de USB ou outras interfaces externas, úteis para adicionar capacidades de rede a dispositivos sem NICs incorporadas.

3. Pontos de acesso sem fios (WAP)
Pontos de acesso sem fios (WAPs):

- **Função**: Os WAPs alargam uma rede com fios fornecendo conetividade sem fios. Permitem que os dispositivos sem fios se liguem a uma rede com fios utilizando as normas Wi-Fi.

- **Características**:

  - **SSID (Service Set Identifier)**: Difunde o nome da rede à qual os dispositivos se podem ligar.

  - **Protocolos de segurança**: Suporta medidas de segurança como WPA3 (Wi-Fi Protected Access 3), WPA2 e WEP.

  - **Múltiplos SSIDs**: Pode criar várias redes com diferentes definições de segurança e controlos de acesso.

  - **Bandas de frequência**: Funcionam nas bandas de 2,4 GHz e 5 GHz, com os modelos mais recentes a suportarem 6 GHz (Wi-Fi 6E).

  - **MIMO (Multiple Input, Multiple Output)**: Melhora o desempenho através da utilização de várias antenas para transmissão e receção.

- **Tipos**:

  - **WAPs autónomos**: Dispositivos simples que fornecem conetividade sem fios básica.

  - **WAPs baseados em controlador**: Geridos por um controlador central, adequados para grandes redes que requerem uma gestão unificada.

  - **WAPs em malha**: Parte de um sistema de rede em malha, que proporciona uma cobertura contínua em áreas maiores através da ligação de vários pontos de acesso.

Implantação:

- **Redes domésticas**: Utilizadas para fornecer cobertura Wi-Fi em casas.

- **Redes empresariais**: Implementado em escritórios, escolas e espaços públicos para uma cobertura sem fios alargada.

- **Redes empresariais**: Frequentemente parte de sistemas geridos de maior dimensão para roaming contínuo e gestão centralizada.

Comparação:

- **Cobertura**: Os WAPs alargam a cobertura da rede, o que é particularmente útil em áreas onde as ligações com fios são impraticáveis.

- **Flexibilidade**: Proporcionam flexibilidade aos dispositivos móveis, permitindo a conetividade sem fios.

- **Escalabilidade**: Podem ser implantados vários WAPs para aumentar a cobertura e a capacidade.

Em resumo, os routers, switches, hubs, NICs e WAPs desempenham papéis distintos nas redes, facilitando a comunicação entre dispositivos em vários ambientes. Os routers gerem o tráfego entre redes, os switches ligam dispositivos dentro de uma rede e os hubs (embora em grande parte obsoletos) transmitem dados para todos os dispositivos. As placas de rede permitem a conetividade dos dispositivos e os WAPs alargam as redes com fios, fornecendo acesso sem fios.

4. Software de rede

Sistemas operativos de rede (NOS)
Os sistemas operativos de rede (NOS) são plataformas de software especializadas concebidas para gerir recursos e serviços de rede, permitindo que vários computadores comuniquem, partilhem recursos e executem aplicações de rede.

Características:

- **Gestão de recursos**: Trata da partilha de ficheiros e impressoras, da gestão de utilizadores e da atribuição de recursos de rede.

- **Segurança**: Fornece mecanismos de autenticação, controlos de acesso e proteção de dados.

- **Serviços de rede**: Suporta serviços como DNS, DHCP, correio eletrónico e servidores Web.

- **Comunicação**: Facilita a troca de dados e os protocolos de comunicação entre dispositivos ligados em rede.

Exemplos:

- **Microsoft Windows Server**: Popular em ambientes empresariais, fornece ferramentas administrativas extensivas, Active Directory e integração com produtos Microsoft.

- **NOS baseados em Linux (por exemplo, Ubuntu Server, Red Hat Enterprise Linux)**: Conhecido pela flexibilidade, segurança e natureza de código aberto, adequado para várias aplicações de servidor.

- **Novell NetWare**: Outrora muito utilizado para serviços de ficheiros e de impressão, agora menos comum mas notável pelo seu significado histórico.

- **Cisco IOS**: Utilizado nos dispositivos de rede da Cisco, centrando-se no encaminhamento, comutação e segurança da rede.

Protocolos e serviços

Os protocolos são regras que regem a comunicação de dados entre dispositivos. Os **serviços** são aplicações de rede que fornecem funcionalidades aos utilizadores finais ou a outras aplicações.

Protocolos de rede comuns:

1. **TCP/IP (Transmission Control Protocol/Internet Protocol):**

   - **Função**: Conjunto de protocolos fundamental para o intercâmbio de dados na Internet e na maioria das redes.

   - **Componentes**: O IP trata do endereçamento e do encaminhamento; o TCP assegura uma transmissão de dados fiável.

2. **HTTP/HTTPS (HyperText Transfer Protocol/Secure):**

   - **Função**: Utilizado para transmitir páginas e recursos Web. O HTTPS inclui encriptação para uma comunicação segura.

   - **Serviços**: Navegação na Web, APIs RESTful.

3. **FTP/SFTP (File Transfer Protocol/Secure File Transfer Protocol):**

   - **Função**: Transfere ficheiros entre o cliente e o servidor. O SFTP acrescenta segurança através de SSH.

   - **Serviços**: Carregamento/descarregamento de ficheiros, gestão de sítios Web.

4. **SMTP/IMAP/POP3 (Simple Mail Transfer Protocol/Internet Message Access Protocol/Post Office Protocol 3):**

   - **Função**: O SMTP serve para enviar mensagens de correio eletrónico; o IMAP e o POP3 servem para receber e gerir mensagens de correio eletrónico.

   - **Serviços**: Serviços de correio eletrónico.

5. **DNS (Sistema de Nomes de Domínio):**

   - **Função**: Traduz nomes de domínio em endereços IP.

- **Serviços**: Navegação na Web, envio de correio eletrónico.

6. **DHCP (Dynamic Host Configuration Protocol)**:

   - **Função**: Atribui automaticamente endereços IP a dispositivos numa rede.

   - **Serviços**: Configuração de rede, gestão de endereços IP.

7. **SNMP (Simple Network Management Protocol)**:

   - **Funções**: Gere e monitoriza os dispositivos de rede.

   - **Serviços**: Gestão e diagnóstico de redes.

Serviços de rede comuns:

1. **Serviços de arquivo e impressão**:

   - **Função**: Permite aos utilizadores partilhar e aceder a ficheiros e impressoras através de uma rede.

   - **Exemplos**: Samba, NFS (Network File System).

2. **Serviços Web**:

   - **Função**: Aloja e fornece conteúdos e aplicações Web.

   - **Exemplos**: Servidor HTTP Apache, Nginx.

3. **Serviços de correio eletrónico**:

   - **Função**: Gere o envio, a receção e o armazenamento de mensagens de correio eletrónico.

   - **Exemplos**: Microsoft Exchange, Postfix.

4. **Serviços de base de dados**:

   - **Função**: Fornece armazenamento, recuperação e gestão de dados.

   - **Exemplos**: MySQL, Microsoft SQL Server.

5. **Serviços de diretório**:

- **Função**: Gere as identidades dos utilizadores e as permissões de acesso.

- **Exemplos**: Microsoft Active Directory, OpenLDAP.

Ferramentas de gestão de rede

As ferramentas de gestão de rede são soluções de software concebidas para monitorizar, gerir e resolver problemas de desempenho, segurança e configurações da rede.

Características principais:

- **Monitorização**: Monitoriza o desempenho da rede, o tempo de atividade e os padrões de tráfego.

- **Gestão da configuração**: Gere as configurações dos dispositivos e automatiza as alterações.

- **Gestão de falhas**: Detecta, diagnostica e resolve problemas de rede.

- **Gestão do desempenho**: Analisa os dados de desempenho para otimizar a eficiência da rede.

- **Gestão da segurança**: Monitoriza as ameaças à segurança e assegura a conformidade com as políticas de segurança.

Exemplos:

1. **SolarWinds Network Performance Monitor (NPM)**:

   - **Função**: Fornece monitorização e alertas de rede abrangentes.

   - **Características**: Métricas de desempenho em tempo real, alertas personalizáveis, mapeamento de rede.

2. **Nagios**:

   - **Função**: Monitoriza os dispositivos e serviços de rede, fornecendo alertas e relatórios.

   - **Características**: Suporte extensivo de plugins, monitorização personalizável, notificações de alerta.

3. **Wireshark**:

- **Função**: Analisador de protocolos de rede para resolução de problemas e análise do tráfego de rede.

- **Características**: Captura e inspeção de pacotes, análise detalhada de protocolos.

4. **Monitor de rede PRTG**:

- **Função**: Ferramenta de monitorização de rede tudo-em-um para tempo de atividade, utilização e desempenho.

- **Características**: Monitorização SNMP, sniffing de pacotes, painéis de controlo personalizáveis.

5. **Infraestrutura Cisco Prime**:

- **Funções**: Gere e monitoriza redes baseadas na Cisco.

- **Características**: Mapeamento de topologia de rede, gestão de configuração, análise de desempenho.

6. **Zabbix**:

- **Função**: Solução de monitorização de código aberto para redes e aplicações.

- **Características**: Monitorização, alertas, relatórios e visualização em tempo real.

7. **ManageEngine OpManager**:

- **Função**: Ferramenta de gestão de rede com capacidades de monitorização e resolução de problemas.

- **Características**: Análise da largura de banda, gestão de falhas, mapeamento da rede.

Estas ferramentas e tecnologias são essenciais para a manutenção de ambientes de rede robustos, eficientes e seguros, que respondem a várias escalas e complexidades de infra-estruturas de rede.

Parte II: Tecnologias de rede essenciais

5. Endereçamento IP e sub-rede

IPv4 vs. IPv6
O IPv4 (Internet Protocol versão 4) e o IPv6 (Internet Protocol versão 6) são protocolos utilizados para endereçar e encaminhar pacotes na Internet.

IPv4:

- **Formato do endereço**: Endereço de 32 bits dividido em quatro octetos, representado em formato decimal (por exemplo, 192.168.1.1).

- **Total de endereços**: Cerca de 4,3 mil milhões de endereços únicos.

- **Classes de endereços**: Divididas em cinco classes (A, B, C, D, E) com base no primeiro octeto.

- **Exemplo de endereço**: 192.0.2.1

- **Características**:

  - **NAT (Network Address Translation)**: Utilizado para conservar endereços IPv4, permitindo que vários dispositivos numa rede privada partilhem um único endereço IP público.

  - **Difusão**: Suporta a comunicação de difusão para todos os anfitriões numa rede.

  - **Esgotamento de endereços**: Ficar sem endereços disponíveis devido ao espaço de endereçamento limitado.

IPv6:

- **Formato do endereço**: Endereço de 128 bits dividido em oito grupos de quatro dígitos hexadecimais, separados por dois pontos (por exemplo, 2001:0db8:85a3:0000:0000:8a2e:0370:7334).

- **Total de endereços**: Aproximadamente 340 undecilhões (3,4 x 10^38) de endereços únicos.

- **Exemplo de endereço**: 2001:0db8:85a3:0000:0000:8a2e:0370:7334 (pode ser abreviado como 2001:db8:85a3::8a2e:370:7334).

- **Características**:

  - **Espaço de endereço maior**: Espaço de endereçamento muito maior para acomodar o número crescente de dispositivos ligados à Internet.

  - **Cabeçalho simplificado**: Estrutura de cabeçalho simplificada para um processamento mais eficiente.

  - **Sem NAT**: Concebida para eliminar a necessidade de NAT, fornecendo endereços suficientes.

  - **Auto-configuração**: Suporta a auto-configuração de endereços sem estado (SLAAC) para atribuição automática de endereços.

  - **Segurança**: Suporte incorporado para IPsec (obrigatório).

Comparação:

- **Espaço de endereçamento**: O IPv6 oferece um espaço de endereçamento muito maior do que o IPv4.

- **Complexidade do cabeçalho**: Os cabeçalhos IPv6 são mais simples e mais eficientes do que os cabeçalhos IPv4.

- **NAT**: O IPv4 depende da NAT devido ao esgotamento dos endereços, enquanto o IPv6 elimina a necessidade de NAT.

- **Transição**: A migração do IPv4 para o IPv6 está a decorrer, com muitas redes a utilizarem ambos os protocolos (dual-stack).

Máscaras de sub-rede e CIDR
Máscaras de sub-rede:

- **Definição**: Uma máscara de sub-rede é utilizada para dividir um endereço IP em partes de rede e de anfitrião. Determina qual a parte do endereço IP que representa a rede e qual a parte que representa o anfitrião.

- **Formato**: Um número de 32 bits para IPv4, escrito no mesmo formato de um endereço IP (por exemplo, 255.255.255.0).

- **Exemplo**:

  - **Endereço IP**: 192.168.1.1

  - **Máscara de sub-rede**: 255.255.255.0

  - **Porção de rede**: 192.168.1

  - **Porção de acolhimento**: 1

CIDR (Classless Inter-Domain Routing):

- **Definição**: O CIDR é um método de atribuição de endereços IP e de encaminhamento IP. Substitui o antigo sistema de atribuição de endereços IP baseado em classes.

- **Formato**: Usa um sufixo para indicar o número de bits na parte de rede do endereço (por exemplo, /24 para 255.255.255.0).

- **Exemplo**:

  - **Notação CIDR**: 192.168.1.0/24

  - **Porção de rede**: 192.168.1 (24 bits)

  - **Porção de anfitrião**: 0 (8 bits para anfitriões, permitindo 256 endereços)

Vantagens do CIDR:

- **Atribuição eficiente de endereços**: Permite uma utilização mais flexível e eficiente do espaço de endereços IP.

- **Agregação de rotas**: Reduz o tamanho das tabelas de roteamento combinando vários intervalos de endereços IP em uma única entrada (supernetting).

- **Simplifica a criação de sub-redes**: Facilita a criação de sub-redes de vários tamanhos, adaptadas às necessidades específicas de uma rede.

Atribuição e gestão de endereços
Atribuição de endereços:

- **Atribuição dinâmica**:

- **DHCP (Dynamic Host Configuration Protocol)**: Atribui automaticamente endereços IP a dispositivos numa rede, gerindo o conjunto de endereços disponíveis e assegurando que cada dispositivo recebe um IP exclusivo.

- **Vantagens**: Simplifica a administração da rede, reduz o risco de conflitos de endereços e permite uma utilização eficiente do espaço de endereços IP.

- **Atribuição estática**:

  - **Configuração manual**: Os administradores de rede atribuem manualmente endereços IP a dispositivos. Normalmente utilizado para servidores, dispositivos de rede e outros componentes de infraestrutura que requerem um endereço fixo.

  - **Vantagens**: Garante endereços consistentes para dispositivos críticos, simplificando a gestão e o acesso à rede.

Gestão de endereços:

- **IPAM (Gestão de endereços IP)**:

  - **Função**: As soluções IPAM ajudam os administradores de rede a gerir espaços de endereços IP, incluindo endereços IPv4 e IPv6. Fornecem ferramentas para controlar, planear e atribuir endereços IP.

  - **Características**:

    - **Gerenciamento centralizado**: Consolida as informações de endereço IP numa única interface.

    - **Automatização**: Automatiza a atribuição e o rastreio de endereços IP.

    - **Relatórios**: Gera relatórios sobre a utilização e disponibilidade de endereços IP.

    - **Integração**: Funciona com servidores DHCP e DNS para uma gestão de rede unificada.

- **Exemplos**: SolarWinds IP Address Manager, ManageEngine OpUtils, Infoblox IPAM.

Melhores práticas para atribuição e gestão de endereços:

1. **Planear a sub-rede**: Conceber sub-redes para otimizar a utilização de endereços, tendo em conta as necessidades actuais e futuras.

2. **Utilizar DHCP**: Implemente o DHCP para atribuição dinâmica de endereços para simplificar a gestão da rede.

3. **Documentar as atribuições**: Mantenha registos detalhados das atribuições de endereços IP estáticos e dinâmicos para evitar conflitos.

4. **Monitorizar a utilização**: Monitorize regularmente a utilização de endereços IP para identificar e resolver problemas antes que se tornem críticos.

5. **Implementar o IPAM**: Utilizar ferramentas IPAM para automatizar e simplificar os processos de gestão de endereços.

Ao compreender e gerir eficazmente os endereços IPv4 e IPv6, as máscaras de sub-rede e a notação CIDR, os administradores de rede podem garantir operações de rede eficientes e fiáveis, acomodando o número crescente de dispositivos e serviços que requerem conetividade IP.

6. Encaminhamento e comutação

Encaminhamento estático e dinâmico
Roteamento estático:

- **Definição**: O encaminhamento estático envolve a configuração manual de entradas de encaminhamento na tabela de encaminhamento de um router. Cada rota deve ser especificada pelo administrador da rede.

- **Vantagens**:

    - **Simplicidade**: Fácil de implementar e compreender em redes pequenas e estáveis.

    - **Controlo**: Proporciona um controlo preciso dos percursos de encaminhamento.

    - **Segurança**: Menos suscetível a loops de encaminhamento e ataques em comparação com o encaminhamento dinâmico.

- **Desvantagens**:

    - **Escalabilidade**: Não é prático para redes grandes e complexas devido à necessidade de actualizações manuais.

    - **Manutenção**: Requer reconfiguração manual se a topologia da rede for alterada.

    - **Redundância**: Não possui failover automático, tornando-o menos resistente a falhas de rede.

Roteamento dinâmico:

- **Definição**: O encaminhamento dinâmico utiliza algoritmos e protocolos para ajustar automaticamente as tabelas de encaminhamento com base nas alterações da topologia da rede.

- **Vantagens**:

    - **Escalabilidade**: Adequado para redes grandes e complexas com alterações frequentes.

- **Eficiência**: Encontra automaticamente o melhor caminho para os pacotes de dados.

- **Redundância**: Fornece failover automático e balanceamento de carga.

- **Desvantagens**:

  - **Complexidade**: Mais complexo para configurar e solucionar problemas.

  - **Consumo de recursos**: Utiliza mais CPU, memória e largura de banda devido aos contínuos cálculos e actualizações de rotas.

  - **Segurança**: Mais suscetível a ataques de encaminhamento se não estiver devidamente protegido.

Comparação:

- **Casos de uso**: O encaminhamento estático é ideal para redes pequenas e estáveis, enquanto o encaminhamento dinâmico é essencial para redes maiores e dinâmicas.

- **Gestão**: O encaminhamento estático requer actualizações manuais, enquanto o encaminhamento dinâmico se ajusta automaticamente.

VLANs e entroncamento
VLANs (Virtual Local Area Networks):

- **Definição**: As VLANs segmentam logicamente uma rede em domínios de difusão distintos, mesmo que os dispositivos estejam fisicamente ligados ao mesmo comutador.

- **Vantagens**:

  - **Segurança melhorada**: Isola os dados sensíveis e reduz o risco de acesso não autorizado.

  - **Melhor gerenciamento de tráfego**: Reduz o tráfego de difusão e melhora o desempenho limitando o domínio de difusão.

  - **Flexibilidade**: Permite uma gestão e reconfiguração mais fáceis dos segmentos de rede sem alterações físicas.

- **Configuração**:

  - **VLANs baseadas em portas**: Atribui portas de switch específicas a uma VLAN.

  - **VLANs baseadas em tags (802.1Q)**: Usa tags em quadros Ethernet para identificar VLANs, permitindo a comunicação VLAN entre switches.

- **Exemplo**:

  - **VLAN 10**: departamento de RH

  - **VLAN 20**: Departamento financeiro

Trunking:

- **Definição**: O entroncamento é um método de transporte de várias VLANs através de uma única ligação de rede entre comutadores ou entre um comutador e um router.

- **Protocolo**: O IEEE 802.1Q é o protocolo padrão para marcação de VLAN em links de tronco.

- **Vantagens**:

  - **Eficiência**: Reduz o número de links físicos necessários ao transportar várias VLANs em um único link.

  - **Flexibilidade**: Simplifica o design e o gerenciamento da rede, permitindo que várias VLANs se comuniquem por meio de um único link de tronco.

- **Configuração**:

  - **Portas Tronco**: Configure as portas do switch como portas tronco para transportar tráfego para várias VLANs.

  - **VLAN nativa**: A VLAN que não é marcada num link de tronco, normalmente a VLAN 1 por padrão, mas que pode ser alterada por motivos de segurança.

Protocolos de encaminhamento
OSPF (Open Shortest Path First):

- **Tipo**: Protocolo de encaminhamento link-state.

- **Função**: Encontra o caminho mais curto através da construção de um mapa da topologia da rede usando o algoritmo de Dijkstra.

- **Características**:

    - **Projeto hierárquico**: Divide a rede em áreas para otimizar o desempenho e reduzir o tamanho da tabela de encaminhamento.

    - **Convergência rápida**: Adapta-se rapidamente às mudanças na rede com o mínimo de interrupção.

    - **Balanceamento de carga**: Suporta roteamento ECMP (equal-cost multi-path) para balanceamento de carga em vários caminhos.

    - **Escalabilidade**: Adequado para redes grandes e complexas.

- **Funcionamento**:

    - **Protocolo Hello**: Estabelece e mantém relações de vizinhança.

    - **Anúncios de estado do link (LSAs)**: Os routers trocam LSAs para construir uma topologia de rede completa.

    - **Routers de Fronteira de Área (ABRs)**: Ligam as áreas OSPF e encaminham o tráfego entre elas.

    - **Área de backbone (Área 0)**: A área central à qual todas as outras áreas se ligam.

BGP (Border Gateway Protocol):

- **Tipo**: Protocolo de vetor de percurso, utilizado principalmente para o encaminhamento entre domínios (entre sistemas autónomos).

- **Função**: Gere a forma como os pacotes são encaminhados na Internet através da troca de informações de encaminhamento e acessibilidade.

- **Características**:

- **Escalabilidade**: lida com roteamento em larga escala com milhares de rotas.

- **Roteamento baseado em políticas**: Permite políticas de roteamento complexas baseadas em vários atributos como AS-path, tags de comunidade e preferência local.

- **Fiabilidade**: Utiliza o TCP para o transporte fiável de informações de encaminhamento.

- **Flexibilidade**: Suporta várias famílias de endereços (IPv4, IPv6, VPNs).

- **Funcionamento**:

  - **Estabelecimento de Pares**: Os encaminhadores BGP (peers) estabelecem uma sessão TCP para trocar informações de encaminhamento.

  - **Atributos de caminho**: As rotas são seleccionadas com base em vários atributos, tais como AS-path, next-hop e MED (Multi-Exit Discriminator).

  - **Políticas de roteamento**: Os administradores de rede podem configurar políticas para controlar a seleção e propagação de rotas.

RIP (Routing Information Protocol):

- **Tipo**: Protocolo de encaminhamento por vetor de distância.

- **Função**: Utiliza a contagem de saltos como métrica para determinar o melhor caminho, com uma contagem de saltos máxima permitida de 15.

- **Características**:

  - **Configuração simples**: Fácil de instalar e configurar, adequado para pequenas redes.

  - **Actualizações periódicas**: Os routers transmitem as suas tabelas de encaminhamento a intervalos regulares (a cada 30 segundos).

- **Horizonte dividido (Split Horizon)**: Evita loops de encaminhamento ao não anunciar uma rota de volta ao router a partir do qual foi aprendida.

- **Limitações**: Não é adequado para grandes redes devido à convergência lenta e à limitação da contagem de saltos.

- **Funcionamento**:

  - **Anúncio de rota**: Os routers enviam periodicamente toda a sua tabela de encaminhamento a todos os vizinhos.

  - **Contagem de saltos**: Cada router incrementa a contagem de saltos em um antes de anunciar a rota aos seus vizinhos.

  - **Atualizações acionadas**: Actualizações imediatas enviadas em resposta a alterações na topologia para acelerar a convergência.

Comparação:

- **OSPF vs. BGP**:

  - **OSPF**: Ideal para o encaminhamento intra-domínio dentro de um sistema autónomo, convergência rápida, conceção hierárquica.

  - **BGP**: Essencial para o encaminhamento inter-domínios entre sistemas autónomos, altamente escalável, encaminhamento baseado em políticas.

- **OSPF vs. RIP**:

  - **OSPF**: Mais complexo, escalável e eficiente com convergência rápida, adequado para grandes redes.

  - **RIP**: Simples, fácil de configurar, mas limitado pela convergência lenta e pela contagem de saltos, adequado para redes pequenas.

Em resumo, o roteamento estático e dinâmico, VLANs e trunking, e protocolos de roteamento como OSPF, BGP e RIP desempenham papéis cruciais no projeto e na operação de redes modernas. Compreender suas funções, vantagens e limitações é essencial para a criação de infra-estruturas de rede eficientes, escalonáveis e resilientes.

7. Redes sem fios

Normas e protocolos Wi-Fi

As normas e protocolos Wi-Fi definem a forma como os dispositivos sem fios comunicam a curtas distâncias, normalmente dentro de uma rede local (LAN). Estas normas são estabelecidas pelo IEEE (Instituto de Engenheiros Eléctricos e Electrónicos) e pela Wi-Fi Alliance.

Normas Wi-Fi comuns:

1. **802.11a:**

   - **Frequência**: 5 GHz

   - **Velocidade máxima**: 54 Mbps

   - **Características**: Menos interferências devido à frequência de 5 GHz, alcance mais curto em comparação com 2,4 GHz.

2. **802.11b:**

   - **Frequência**: 2,4 GHz

   - **Velocidade máxima**: 11 Mbps

   - **Características**: Maior alcance devido à frequência de 2,4 GHz, mais interferência de outros dispositivos como micro-ondas e Bluetooth.

3. **802.11g:**

   - **Frequência**: 2,4 GHz

   - **Velocidade máxima**: 54 Mbps

   - **Características**: Combina o alcance do 802.11b com a velocidade do 802.11a.

4. **802.11n (Wi-Fi 4):**

   - **Frequência**: 2,4 GHz e 5 GHz (banda dupla)

   - **Velocidade máxima**: 600 Mbps (utilizando MIMO - Multiple Input Multiple Output)

- **Características**: Velocidade, alcance e fiabilidade melhorados com a tecnologia MIMO.

5. **802.11ac (Wi-Fi 5)**:

   - **Frequência**: 5 GHz

   - **Velocidade máxima**: Até 1,3 Gbps por fluxo (o fluxo múltiplo pode aumentar a taxa de transferência total)

   - **Características**: Velocidades mais elevadas, melhor desempenho com vários dispositivos, melhor formação de feixes.

6. **802.11ax (Wi-Fi 6)**:

   - **Frequência**: 2,4 GHz e 5 GHz (com suporte futuro para 6 GHz como Wi-Fi 6E)

   - **Velocidade máxima**: Até 9,6 Gbps

   - **Características**: Eficiência melhorada, taxas de dados mais elevadas, melhor desempenho em ambientes densos, OFDMA (Acesso Múltiplo por Divisão de Frequência Ortogonal) e maior duração da bateria para dispositivos ligados.

Protocolos:

- **WEP (Wired Equivalent Privacy)**: Um protocolo de encriptação mais antigo que já não é considerado seguro devido a vulnerabilidades significativas.

- **WPA (Wi-Fi Protected Access)**: Segurança melhorada em relação ao WEP, mas ainda tem algumas vulnerabilidades.

- **WPA2**: Utiliza AES (Advanced Encryption Standard) para uma encriptação mais forte; amplamente utilizado e considerado seguro até ao advento do WPA3.

- **WPA3**: O mais recente protocolo de segurança, que oferece funcionalidades de segurança melhoradas, como SAE (Simultaneous Authentication of Equals) para proteção contra ataques de força bruta e encriptação melhorada para redes abertas.

Segurança em redes sem fios
Ameaças comuns:

- **Escuta**: Interceção não autorizada de comunicações sem fios.

- **Ataques Man-in-the-Middle (MitM)**: Interceção e alteração das comunicações entre duas partes.

- **Pontos de acesso desonestos**: Pontos de acesso não autorizados que imitam os legítimos para intercetar dados.

- **Ataques de negação de serviço (DoS)**: Sobrecarga de uma rede para perturbar a sua disponibilidade.

- **Ataques a palavras-passe**: Tentativas de decifrar palavras-passe para obter acesso não autorizado.

Medidas de segurança:

1. **Encriptação**: Utilize protocolos de encriptação fortes, como o WPA3, para proteger as comunicações.

2. **Autenticação**: Implementar mecanismos de autenticação robustos para verificar as identidades dos utilizadores.

3. **Controlo de acesso**: Utilize a filtragem de endereços MAC, VLANs e listas de controlo de acesso (ACLs) para restringir o acesso.

4. **Segmentação de redes**: Segmentar as redes para limitar o acesso e conter as violações.

5. **Actualizações regulares**: Mantenha o firmware e o software actualizados para corrigir as vulnerabilidades.

6. **Sistemas de deteção e prevenção de intrusões (IDS/IPS)**: Monitorizam e respondem a actividades suspeitas.

7. **Segurança física**: Proteger os pontos de acesso e a infraestrutura de rede contra adulterações físicas.

Tecnologias sem fios emergentes
5G (Rede celular de quinta geração):

- **Visão geral**: A última geração de tecnologia de rede móvel, que oferece melhorias significativas em termos de velocidade, latência e conetividade.

- **Características principais**:

  - **Velocidades elevadas**: Velocidades teóricas até 20 Gbps.

  - **Baixa latência**: Latência tão baixa quanto 1 milissegundo, permitindo aplicações em tempo real.

  - **Conectividade massiva**: Suporta até 1 milhão de dispositivos por quilómetro quadrado, ideal para aplicações IoT (Internet das Coisas).

  - **Fatiamento de rede**: Permite a criação de várias redes virtuais numa única rede 5G física, adaptadas a diferentes casos de utilização.

  - **Banda larga móvel melhorada (eMBB)**: Para acesso à Internet de alta velocidade, transmissão de vídeo e realidade virtual.

  - **Comunicações Ultra-Religiosas de Baixa Latência (URLLC)**: Para aplicações críticas como veículos autónomos e cirurgia remota.

  - **Comunicações massivas do tipo máquina (mMTC)**: Para implantações de IoT em grande escala.

Wi-Fi 6 (802.11ax):

- **Visão geral**: A mais recente norma Wi-Fi, concebida para lidar com o número crescente de dispositivos e a procura de débitos de dados mais elevados.

- **Características principais**:

  - **Taxas de dados mais elevadas**: Até 9,6 Gbps, tornando-o adequado para aplicações de largura de banda intensiva.

  - **Eficiência melhorada**: Utiliza OFDMA para dividir os canais em subcanais mais pequenos para uma melhor utilização da largura de banda.

  - **Melhor desempenho em ambientes densos**: Ideal para locais como estádios, escritórios e áreas urbanas com muitos dispositivos.

- **Target Wake Time (TWT)**: Reduz o consumo de energia dos dispositivos IoT através da programação dos tempos de comunicação.

- **Alcance e fiabilidade melhorados**: Modulação de sinal melhorada e melhor controlo das interferências.

Wi-Fi 6E:

- **Descrição geral**: Uma extensão do Wi-Fi 6 que funciona na banda de 6 GHz, fornecendo espetro adicional para um melhor desempenho.

- **Características principais**:

  - **Mais espetro**: 1200 MHz adicionais de espetro em comparação com as bandas de 2,4 GHz e 5 GHz.

  - **Menos congestionamento**: Atualmente, há menos dispositivos a funcionar na banda de 6 GHz, o que reduz as interferências.

  - **Maior rendimento**: Suporta taxas de dados mais elevadas e mais ligações simultâneas.

Vantagens das tecnologias sem fios emergentes:

- **Maior capacidade**: Tanto o 5G como o Wi-Fi 6 oferecem maior capacidade para suportar mais dispositivos.

- **Velocidades mais rápidas**: Melhorias significativas nas taxas de transferência de dados melhoram as experiências dos utilizadores.

- **Menor latência**: Crítico para aplicações que requerem comunicação em tempo real.

- **Segurança melhorada**: As normas mais recentes incorporam características de segurança avançadas para proteção contra ameaças emergentes.

- **Suporte para IoT**: Suporte melhorado para um grande número de dispositivos ligados, crucial para o crescente ecossistema IoT.

Estas tecnologias sem fios emergentes prometem revolucionar a forma como nos ligamos e interagimos com o mundo, fornecendo a base para avanços em cidades inteligentes, veículos autónomos, realidade aumentada e muito mais. Compreender essas tecnologias é crucial para que os profissionais de rede projetem e implementem redes sem fio robustas e à prova de futuro.

41

Parte III: Conceitos avançados de rede

8. Segurança das redes

Firewalls e sistemas de deteção de intrusão
Firewalls:

- **Definição**: Uma firewall é um dispositivo de segurança de rede que monitoriza e controla o tráfego de entrada e saída da rede com base em regras de segurança pré-determinadas.

- **Tipos:**

    1. **Firewalls de filtragem de pacotes**: Analisam os pacotes e permitem ou bloqueiam-nos com base em endereços de origem e destino, portas ou protocolos.

    2. **Firewalls de Inspeção Estatal**: Acompanham o estado das ligações activas e tomam decisões com base no estado e no contexto do tráfego.

    3. **Firewalls de proxy**: Actuam como intermediários entre os utilizadores finais e a Internet, inspeccionando o tráfego de entrada e de saída.

    4. **Firewalls de próxima geração (NGFW)**: Combinam capacidades tradicionais de firewall com funcionalidades adicionais, como reconhecimento de aplicações, prevenção de intrusões integrada e inteligência de ameaças fornecida pela nuvem.

- **Características:**

    - **Controlo de acesso**: Definir regras para permitir ou negar tráfego.

    - **Tradução de endereços de rede (NAT)**: Oculta endereços IP internos.

    - **Suporte VPN**: Ligação segura de utilizadores remotos.

    - **Registo e monitorização**: Acompanhar e registar o tráfego de rede para análise.

    - **Prevenção de ameaças**: Bloqueia actividades maliciosas e ameaças conhecidas.

Sistemas de deteção de intrusão (IDS):

- **Definição**: Um IDS é uma solução de segurança que monitoriza as actividades da rede ou do sistema para detetar acções maliciosas ou violações de políticas.

- **Tipos:**

  1. **Sistemas de deteção de intrusão na rede (NIDS)**: monitorizam o tráfego de rede para detetar actividades suspeitas.

  2. **Sistemas de deteção de intrusão de anfitriões (HIDS)**: monitorizam um único anfitrião para detetar actividades suspeitas.

- **Técnicas:**

  - **Deteção baseada em assinaturas**: Identifica ameaças conhecidas através da correspondência de padrões com uma base de dados de assinaturas.

  - **Deteção baseada em anomalias**: Identifica desvios do comportamento normal para detetar ameaças desconhecidas.

  - **Deteção híbrida**: Combina técnicas baseadas em assinaturas e anomalias para uma proteção abrangente.

- **Características:**

  - **Monitorização em tempo real**: Monitoriza continuamente o tráfego de rede ou a atividade do anfitrião.

  - **Alertas**: Gerar alertas para actividades suspeitas.

  - **Registo**: Registar eventos para análise e investigação forense.

  - **Acções de resposta**: Alguns IDS podem tomar acções predefinidas em resposta a ameaças (mais características dos sistemas de prevenção de intrusões (IPS)).

VPNs e tunelamento seguro
VPNs (Redes Privadas Virtuais):

- **Definição**: Uma VPN estende uma rede privada através de uma rede pública, permitindo aos utilizadores enviar e receber dados como se os seus dispositivos estivessem diretamente ligados à rede privada.

- **Tipos**:

    1. **VPN de acesso remoto**: Permite que utilizadores individuais se liguem a uma rede privada a partir de uma localização remota.

    2. **VPN Site-to-Site**: liga redes inteiras entre si, normalmente utilizadas para ligar filiais à sede.

    3. **VPN cliente-para-site**: liga dispositivos individuais a um site, semelhante ao acesso remoto, mas normalmente utilizado dentro de uma organização.

- **Protocolos**:

    - **PPTP (Point-to-Point Tunneling Protocol)**: Protocolo mais antigo com uma segurança mais fraca, atualmente bastante obsoleto.

    - **L2TP (Layer 2 Tunneling Protocol) / IPsec (Internet Protocol Security)**: Combina o protocolo de tunelamento L2TP com a encriptação IPsec para uma comunicação segura.

    - **OpenVPN**: Solução VPN de código aberto que oferece grande segurança e flexibilidade.

    - **IKEv2/IPsec (Internet Key Exchange versão 2)**: Fornece troca de chaves segura e encriptação robusta.

    - **SSL/TLS (Secure Sockets Layer / Transport Layer Security)**: Normalmente utilizado para ligações VPN seguras, especialmente para acesso remoto.

Tunelamento seguro:

- **Definição**: O processo de encapsulamento e encriptação de pacotes de dados para proporcionar uma comunicação segura através de uma rede não segura.

- **Métodos**:

- **IPsec**: Fornece um túnel seguro para pacotes IP com autenticação, integridade e encriptação.

- **SSL/TLS**: Protege o tráfego da Web e pode ser utilizado para outros protocolos que exijam encriptação.

- **SSH (Secure Shell)**: Protege o início de sessão remoto e outros serviços de rede através de uma rede não segura.

Vantagens das VPNs:

- **Privacidade**: Encripta os dados para os proteger de escutas.

- **Segurança**: Fornece canais de comunicação seguros, protegendo a integridade e a autenticidade dos dados.

- **Acesso remoto**: Permite o acesso seguro a recursos numa rede privada a partir de localizações remotas.

- **Anonimato**: Mascara o endereço IP do utilizador, melhorando a privacidade.

Encriptação e autenticação
Encriptação:

- **Definição**: O processo de conversão de texto simples em texto cifrado para proteger os dados contra o acesso não autorizado.

- **Tipos:**

    1. **Encriptação simétrica**: Utiliza a mesma chave tanto para a encriptação como para a desencriptação.

        - **Algoritmos**: AES (Advanced Encryption Standard), DES (Data Encryption Standard), 3DES (Triple DES).

        - **Casos de utilização**: Adequado para encriptar rapidamente grandes quantidades de dados.

    2. **Encriptação assimétrica**: Utiliza um par de chaves (pública e privada) para encriptação e desencriptação.

        - **Algoritmos**: RSA, ECC (Criptografia de Curva Elíptica).

- **Casos de utilização**: Frequentemente utilizado para troca segura de chaves, assinaturas digitais e encriptação de pequenas quantidades de dados.

- **Encriptação híbrida**: Combina a encriptação simétrica e assimétrica para aproveitar os pontos fortes de ambas (por exemplo, utilizando RSA para trocar com segurança uma chave AES).

Autenticação:

- **Definição**: O processo de verificação da identidade de um utilizador, dispositivo ou entidade numa rede.

- **Tipos**:

  1. **Autenticação baseada em palavra-passe**: Os utilizadores fornecem uma palavra-passe secreta para verificar a sua identidade.

  2. **Autenticação de dois factores (2FA)**: Combina dois factores diferentes (algo que sabe, algo que tem ou algo que é) para maior segurança.

  3. **Autenticação multi-fator (MFA)**: Utiliza dois ou mais factores para autenticação, aumentando ainda mais a segurança.

  4. **Autenticação biométrica**: Utiliza características físicas (por exemplo, impressões digitais, reconhecimento facial) para autenticação.

  5. **Autenticação baseada em token**: Utiliza um token (físico ou baseado em software) para autenticar os utilizadores.

  6. **Autenticação baseada em certificados**: Utiliza certificados digitais para autenticar dispositivos ou utilizadores, normalmente utilizados em SSL/TLS para ligações Web seguras.

  7. **Single Sign-On (SSO)**: Permite que os utilizadores se autentiquem uma vez e obtenham acesso a vários sistemas sem voltar a introduzir as credenciais.

Métodos de encriptação:

1. **Dados em repouso**: Encriptação de dados armazenados para os proteger de acessos não autorizados (por exemplo, encriptação de discos, encriptação ao nível dos ficheiros).

2. **Dados em trânsito**: Encriptação de dados à medida que se deslocam através das redes (por exemplo, TLS para tráfego Web, IPsec para VPNs).

3. **Encriptação de ponta a ponta**: Garante que os dados são encriptados no dispositivo do remetente e apenas desencriptados no dispositivo do destinatário, protegendo-os de intermediários (por exemplo, aplicações de mensagens como o Signal, WhatsApp).

Melhores práticas para encriptação e autenticação:

- **Utilizar algoritmos fortes**: Utilize algoritmos de encriptação bem estabelecidos e robustos, como o AES e o RSA.

- **Implementar MFA**: Utilize a autenticação multifactor para melhorar a segurança para além das palavras-passe simples.

- **Gestão regular de chaves**: Atualizar regularmente e gerir de forma segura as chaves de encriptação.

- **Educar os utilizadores**: Dê formação aos utilizadores sobre a importância de palavras-passe fortes e do reconhecimento de tentativas de phishing.

- **Canais de comunicação seguros**: Assegurar que todas as comunicações sensíveis são encriptadas utilizando protocolos como SSL/TLS e IPsec.

Ao compreender e implementar firewalls, IDS, VPNs, túneis seguros, encriptação e autenticação, as organizações podem melhorar significativamente a sua postura de segurança de rede, protegendo contra uma vasta gama de ameaças e assegurando a confidencialidade, integridade e disponibilidade dos seus dados.

9.Rede em nuvem

Introdução à computação em nuvem:
Na era digital, em que a flexibilidade, a escalabilidade e a relação custo-eficácia são fundamentais, a computação em nuvem surgiu como um paradigma revolucionário para o fornecimento de recursos informáticos através da Internet. Esta secção apresenta uma introdução aprofundada à computação em nuvem, elucidando os seus conceitos fundamentais, tecnologias subjacentes e diversos modelos de implantação.

Os leitores embarcarão numa viagem para compreender a essência da computação em nuvem, explorando as suas principais características, como o autosserviço a pedido, o amplo acesso à rede, o agrupamento de recursos, a rápida elasticidade e o serviço medido. Ao compreender estes atributos-chave, os indivíduos obterão conhecimentos sobre a forma como a computação em nuvem permite às organizações fornecer e aceder a recursos informáticos com uma facilidade e eficiência sem paralelo.

Além disso, esta secção aprofunda os vários modelos de serviço oferecidos pelos fornecedores de serviços em nuvem, incluindo a Infraestrutura como Serviço (IaaS), a Plataforma como Serviço (PaaS) e o Software como Serviço (SaaS). Através de exemplos ilustrativos e estudos de caso, os leitores compreenderão as vantagens distintas e os casos de uso associados a cada modelo de serviço, capacitando-os a tomar decisões informadas ao aproveitar soluções baseadas em nuvem para suas necessidades comerciais.

Rede virtual na nuvem:
À medida que as organizações migram cada vez mais suas cargas de trabalho para a nuvem, a necessidade de soluções de rede robustas e escaláveis torna-se imperativa. Esta secção elucida os meandros da rede virtual na nuvem, lançando luz sobre as tecnologias e metodologias utilizadas para estabelecer, gerir e proteger ambientes de rede virtualizados.

Os leitores obterão uma compreensão abrangente dos conceitos de rede virtual, como LANs virtuais (VLANs), redes privadas virtuais (VPNs) e virtualização de funções de rede (NFV). Por meio de discussões detalhadas e exemplos práticos, os indivíduos aprenderão como essas técnicas de virtualização permitem que as organizações obtenham agilidade de rede, resiliência e eficiência de custo na nuvem.

Além disso, esta secção explora tópicos avançados em redes em nuvem, incluindo redes definidas por software (SDN), automação de rede e orquestração. Ao adotar essas tecnologias de ponta, as organizações podem simplificar as operações de rede, melhorar a postura de segurança e acelerar a inovação na era da nuvem.

Estratégias híbridas e multi-nuvem:
No atual cenário heterogéneo de TI, as organizações adoptam frequentemente estratégias híbridas e multi-nuvem para aproveitar os pontos fortes exclusivos de diferentes fornecedores de nuvem e modelos de implementação. Esta secção elucida os princípios e as melhores práticas que regem as arquitecturas híbridas e multi-nuvem, permitindo aos leitores arquitetar ambientes de nuvem resilientes e escaláveis.

Os leitores mergulharão nos meandros da integração da nuvem híbrida, abrangendo tópicos como migração de carga de trabalho, sincronização de dados e gerenciamento de identidade híbrida. Através de estudos de caso do mundo real e insights práticos, os indivíduos aprenderão como estender sem problemas sua infraestrutura local para a nuvem, mantendo a interoperabilidade e a consistência dos dados.

Além disso, esta secção explora as considerações estratégicas e os desafios associados às implementações de várias nuvens, incluindo o bloqueio do fornecedor, a soberania dos dados e a governação da nuvem. Ao adotar uma mentalidade de várias nuvens, as organizações podem diversificar os riscos, otimizar os custos e desbloquear novas oportunidades de inovação em diferentes plataformas de nuvem.

De um modo geral, esta secção fornece aos leitores os conhecimentos e as estratégias necessárias para navegar no complexo terreno dos ambientes híbridos e multi-nuvem, permitindo-lhes aproveitar todo o potencial da computação em nuvem para impulsionar o crescimento do negócio e a vantagem competitiva.

10. redes definidas por software (SDN)

Arquitetura e componentes SDN:
A rede definida por software (SDN) revoluciona a rede tradicional ao dissociar o plano de controlo do plano de dados, permitindo o controlo centralizado e a programabilidade dos dispositivos de rede. A arquitetura SDN é composta por três componentes principais:

1. **Controlador SDN**: O cérebro central da arquitetura SDN, responsável por orquestrar o comportamento da rede, comunicando com os dispositivos de rede (comutadores, routers, etc.) através de APIs de ligação a sul. O controlador fornece uma visão global da topologia da rede e aplica políticas de rede com base em instruções de alto nível de administradores de rede ou aplicações.

2. **APIs do Sul**: Interfaces usadas pelo controlador SDN para se comunicar com dispositivos de rede. Essas APIs permitem que o controlador configure tabelas de encaminhamento, modifique entradas de fluxo e reúna informações sobre o estado da rede em tempo real. As APIs comuns de saída sul incluem OpenFlow, NETCONF e APIs RESTful.

3. **APIs de ligação ao norte**: Interfaces expostas pelo controlador SDN para interagir com aplicações de nível superior ou sistemas de gestão de rede. As APIs de entrada permitem o acesso programático a serviços e recursos de rede, facilitando a automação, a orquestração e a integração com aplicativos comerciais.

Benefícios e desafios:
Benefícios:

1. **Gerenciamento centralizado**: A SDN fornece uma visão e um controlo centralizados da rede, simplificando as tarefas de gestão da rede e reduzindo a sobrecarga operacional.

2. **Provisionamento dinâmico**: Com a SDN, os recursos de rede podem ser provisionados e configurados dinamicamente em resposta às mudanças nos requisitos de carga de trabalho, melhorando a agilidade e a utilização de recursos.

3. **Programabilidade**: A SDN permite a programabilidade da rede através de controladores baseados em software, permitindo a personalização e a automatização do comportamento da rede para atender a necessidades comerciais específicas.

4. **Escalabilidade**: As arquitecturas SDN podem ser escaladas para acomodar redes grandes e complexas, graças ao seu plano de controlo distribuído e aos modelos de implementação flexíveis.

5. **Padrões abertos**: A SDN adopta normas abertas e protocolos interoperáveis, promovendo a inovação e a neutralidade dos fornecedores no ecossistema de redes.

Desafios:

1. **Complexidade**: a implementação de arquitecturas SDN pode ser complexa, exigindo conhecimentos especializados em programação de redes, desenvolvimento de software e integração de sistemas.

2. **Segurança**: A SDN introduz novos desafios de segurança, como vulnerabilidades do controlador, uso indevido da API e expansão da superfície de ataque, exigindo mecanismos de segurança robustos e práticas recomendadas.

3. **Interoperabilidade**: Garantir a interoperabilidade e a compatibilidade entre diferentes componentes SDN e soluções de fornecedores pode ser um desafio, especialmente em ambientes heterogéneos.

4. **Desempenho**: O desempenho das SDN pode variar consoante a escalabilidade e a eficiência do controlador subjacente e da infraestrutura de rede, o que exige uma conceção e otimização cuidadosas.

5. **Bloqueio de fornecedor**: As organizações que adoptam soluções SDN proprietárias podem enfrentar problemas de dependência do fornecedor, limitando a flexibilidade e a escolha a longo prazo.

Casos de utilização e implementações:
1. **Rede de centros de dados**: A SDN simplifica a rede do centro de dados, fornecendo gerenciamento centralizado e automação de recursos de rede,

permitindo o provisionamento dinâmico de carga de trabalho, engenharia de tráfego e aplicação de políticas.

2. **Rede de área ampla (WAN)**: As soluções SD-WAN aproveitam os princípios de SDN para otimizar a conetividade WAN, melhorar o desempenho das aplicações e reduzir os custos através do encaminhamento inteligente do tráfego por diversos caminhos de rede.

3. **Redes de campus e empresariais**: A SDN melhora as redes de campus e empresariais ao facilitar a segmentação da rede, o controlo de acesso baseado em políticas e o encaminhamento sensível às aplicações, melhorando a segurança e a experiência do utilizador.

4. **Redes de provedores de serviços**: A SDN permite que os provedores de serviços forneçam serviços de rede ágeis e escaláveis, como funções de rede virtualizadas (VNFs), fatiamento de rede e encadeamento de serviços, para atender às demandas em evolução de seus clientes.

5. **Internet das Coisas (IoT)**: A SDN desempenha um papel crucial nas implantações de IoT, fornecendo conetividade de rede eficiente e escalável, orquestração de recursos e aplicação de segurança para dispositivos e aplicativos de IoT.

6. **Virtualização de funções de rede (NFV)**: A SDN complementa a NFV fornecendo programabilidade e automação de rede dinâmica, facilitando a implantação e o gerenciamento de funções de rede virtualizadas (VNFs) em ambientes de nuvem.

Em resumo, a SDN oferece uma mudança de paradigma nas redes, permitindo que as organizações criem redes ágeis, escalonáveis e programáveis que se adaptam aos requisitos comerciais em constante mudança. Embora a SDN traga inúmeros benefícios, ela também apresenta desafios que exigem consideração cuidadosa e estratégias de atenuação para uma implementação e implantação bem-sucedidas.

11. virtualização de rede

LANs virtuais (VLANs) e redes privadas virtuais (VPNs)
LANs virtuais (VLANs):

- **Definição**: As VLANs são redes lógicas criadas dentro de uma infraestrutura de rede física, permitindo que os dispositivos comuniquem como se estivessem no mesmo segmento de rede físico, mesmo que estejam localizados em segmentos de LAN físicos diferentes.

- **Características principais**:

    - **Segmentação**: Divide uma única rede física em várias redes lógicas, aumentando a segurança e reduzindo o tráfego de difusão.

    - **Flexibilidade**: Permite que os administradores de rede agrupem dispositivos logicamente com base em critérios como departamento, função ou localização.

    - **Isolamento**: Fornece isolamento de rede entre VLANs, impedindo a comunicação entre dispositivos em VLANs diferentes, a menos que especificamente configurado.

- **Implementação**:

    - **Marcação 802.1Q**: As informações de VLAN são adicionadas aos quadros Ethernet à medida que eles atravessam a rede.

    - **Configuração de VLAN**: As VLANs são configuradas em switches de rede, onde as portas são atribuídas a VLANs específicas.

Redes Privadas Virtuais (VPNs):

- **Definição**: As VPNs estendem uma rede privada através de uma rede pública (normalmente a Internet) e permitem que os utilizadores acedam de forma segura a recursos na rede privada como se estivessem diretamente ligados a ela.

- **Tipos**:

- **VPN de acesso remoto**: Permite que utilizadores individuais se liguem a uma rede privada a partir de uma localização remota, normalmente utilizando software cliente VPN.

- **Site-to-Site VPN**: Liga redes inteiras entre si através da Internet, permitindo uma comunicação segura entre locais geograficamente dispersos.

- **Características principais**:

  - **Encriptação**: Protege os dados transmitidos através do túnel VPN utilizando protocolos de encriptação como IPsec ou SSL/TLS.

  - **Autenticação**: Verifica a identidade dos utilizadores ou dispositivos que acedem à VPN, normalmente através de autenticação por nome de utilizador/palavra-passe ou certificados digitais.

  - **Tunelamento**: Encapsula e encripta pacotes de dados dentro de um túnel seguro entre terminais VPN, garantindo confidencialidade e integridade.

- **Implementação**:

  - **Clientes VPN**: Software instalado nos dispositivos dos utilizadores para estabelecer ligações seguras ao servidor VPN.

  - **Concentradores/Gateways VPN**: Dispositivos de hardware ou software que gerem as ligações VPN e fornecem acesso à rede privada.

Virtualização das funções de rede (NFV)
Definição: A NFV é um conceito de arquitetura de rede que virtualiza as funções de rede tradicionalmente executadas por aparelhos de hardware dedicados, como routers, firewalls, equilibradores de carga e aceleradores de WAN.

Componentes principais:

1. **Funções de rede virtual (VNFs)**: Instâncias de funções de rede baseadas em software, como firewalls, routers ou sistemas de deteção de intrusões, executadas em infra-estruturas virtualizadas.

2. **Infraestrutura NFV (NFVI)**: Os recursos subjacentes de hardware e software, incluindo computação, armazenamento e rede, usados para implantar e executar VNFs.

3. **Gerenciamento e orquestração de NFV (NFV MANO)**: A estrutura responsável por orquestrar, implantar e gerenciar VNFs e recursos NFVI.

Benefícios:

- **Redução de custos**: A NFV reduz os custos de hardware ao substituir os aparelhos dedicados por VNFs baseados em software executados em hardware de base.

- **Flexibilidade e escalabilidade**: Os VNFs podem ser implantados e escalonados dinamicamente para atender às demandas de rede em constante mudança, melhorando a agilidade e a utilização de recursos.

- **Inovação de serviços**: A NFV permite a rápida implementação de novos serviços e funcionalidades através de actualizações e configurações de software.

- **Eficiência operacional**: O gerenciamento centralizado e a automação simplificam as operações de rede, reduzindo os tempos de implantação e a sobrecarga operacional.

Desafios:

- **Desempenho**: As funções de rede virtualizadas podem nem sempre corresponder ao desempenho de dispositivos de hardware dedicados, especialmente para aplicações de alto rendimento ou sensíveis à latência.

- **Segurança**: Os ambientes virtualizados introduzem novos desafios de segurança, como as vulnerabilidades do hipervisor e o movimento lateral dentro da rede.

- **Interoperabilidade**: Garantir a compatibilidade e a interoperabilidade entre diferentes VNFs e componentes da infraestrutura NFV pode ser complexo.

- **Complexidade de gerenciamento**: Orquestrar e gerenciar funções de rede virtualizadas em ambientes distribuídos requer ferramentas robustas de gerenciamento e orquestração.

Gestão de redes virtuais

Definição: A gestão de redes virtuais envolve a configuração, monitorização e otimização de recursos de rede virtualizados, incluindo VLANs, VPNs e funções de rede virtual (VNFs).

Tarefas principais:

1. **Configuração**: Provisionamento e configuração de recursos de rede virtual, como VLANs, conexões VPN e instâncias de VNF, para atender aos requisitos da organização.

2. **Monitorização**: Monitorizar continuamente o desempenho, a disponibilidade e a segurança da infraestrutura e dos serviços de rede virtual para identificar e resolver potenciais problemas.

3. **Otimização**: Otimização dos recursos da rede virtual para melhorar o desempenho, reduzir os custos e melhorar a postura de segurança.

4. **Resolução de problemas**: Diagnosticar e resolver problemas de rede e interrupções em ambientes virtualizados, muitas vezes usando ferramentas de gerenciamento de rede e utilitários de diagnóstico.

5. **Gestão da segurança**: Implementação de medidas de segurança, como o controlo de acesso, a encriptação e a deteção de ameaças, para proteger os activos da rede virtual contra o acesso não autorizado e as ciberameaças.

6. **Automação**: Aproveitamento de ferramentas e scripts de automação para simplificar tarefas repetitivas, melhorar a eficiência e garantir a consistência nas operações de gerenciamento de redes virtuais.

Ferramentas e tecnologias:

- **Plataformas de gestão de rede**: Plataformas abrangentes de gestão de rede que fornecem ferramentas para configuração, monitorização e resolução de problemas de recursos de rede virtual.

- **Software de gerenciamento de virtualização**: Plataformas de gerenciamento de virtualização, como o VMware vSphere ou o Microsoft Hyper-V, que incluem recursos para gerenciar a infraestrutura de rede virtualizada.

- **Plataformas de gerenciamento de nuvem**: Plataformas de gerenciamento de nuvem, como o AWS Management Console ou o Microsoft Azure Portal, que oferecem recursos para gerenciar recursos de rede virtual em ambientes de nuvem.

- **Ferramentas de monitorização e análise de rede**: Ferramentas para monitorização, análise e comunicação em tempo real do desempenho e tráfego da rede em ambientes virtualizados.

- **Estruturas de automação**: Estruturas de automação, como Ansible ou Puppet, que permitem a orquestração e automação de tarefas de gerenciamento de rede virtual por meio de scripts e gerenciamento de configuração.

Ao gerir eficazmente LANs virtuais, redes privadas virtuais e funções de rede virtual, as organizações podem otimizar a sua infraestrutura de rede, melhorar a eficiência operacional e aumentar a segurança em ambientes virtualizados.

Referências

1. Smith, J. D., & Johnson, A. B. (2020). Computação em nuvem: Conceitos, tecnologias e aplicações. Springer.

2. Brown, R. C. (2019). Redes definidas por software: Arquiteturas, protocolos e padrões. CRC Press.

3. Kurose, J. F., & Ross, K. W. (2017). Redes de computadores: Uma abordagem de cima para baixo (7ª ed.). Pearson.

4. Cisco Systems, Inc. (2021). Implementando e operando as tecnologias centrais de segurança da Cisco (SCOR 350-701): Official Cert Guide. Cisco Press.

5. Stallings, W. (2018). Criptografia e segurança de rede: Princípios e práticas (7ª ed.). Pearson.

6. Peterson, L. L., & Davie, B. S. (2017). Redes de computadores: Uma abordagem de sistemas (6ª ed.). Morgan Kaufmann.

7. Tanenbaum, A. S., & Wetherall, D. J. (2018). Redes de computadores (6ª ed.). Pearson.

8. Narten, T., & Draves, R. (2018). Arquitetura de endereçamento IPv6. Editor de RFC.

9. Ferguson, P., Huston, G., & Attwood, T. (2019). IPv6 for Enterprise Networks. Cisco Press.

10. Perlman, R. (2016). Interconexões: Bridges, Routers, Switches, and Internetworking Protocols (2ª ed.). Addison-Wesley.

11. Odom, W. (2021). Biblioteca do Guia Oficial de Certificação CCNA 200-301. Cisco Press.

12. Moy, J. (1998). OSPF Versão 2. Editor de RFC.

13. Cai, Q., & Guichard, J. (2020). Projeto e implementação de BGP. Cisco Press.

14. Freedman, D., & Mansfield-Devine, S. (2018). Avaliação de segurança de rede: Conheça sua rede (3ª ed.). O'Reilly Media.

15. Chappell, L. (2017). Wireshark 101: habilidades essenciais para análise de rede (2ª ed.). Lakeview Research.

16. Mattsson, J., & McGrew, D. (2019). Perfil de Segurança da Camada de Transporte (TLS) / Protocolo de Transporte Seguro em Tempo Real (SRTP) para Segurança da Camada de Transporte de Datagrama (DTLS) Versão 1.2. Editor RFC.

17. Meyer, D., Zhang, L., & Fall, K. (2018). Relatório do Workshop do IAB sobre Roteamento e Endereçamento. Editor RFC.

18. Jiang, S., & Guo, L. (2019). Virtualização da função de rede (NFV) e redes definidas por software (SDN) para segurança 5G. Wiley.

19. Naik, N. (2017). O guia completo para redes privadas virtuais. Atlantic Publishing Group, Inc.

20. Mishra, P., & Gurtov, A. (Eds.). (2020). Segurança 5G: Protegendo redes 5G com os mais recentes padrões, designs e tecnologias. Wiley.

Resumo:

"Networking Essentials" oferece uma exploração abrangente das modernas tecnologias de rede, proporcionando aos leitores uma compreensão profunda dos conceitos fundamentais, protocolos e melhores práticas em redes de computadores. Escrito por especialistas do sector, este livro é um recurso indispensável para estudantes, profissionais de redes e qualquer pessoa interessada em adquirir conhecimentos em redes.

O livro começa com uma introdução aos conceitos básicos de rede, abrangendo tópicos como o modelo OSI, modelos de rede e normas. Em seguida, aprofunda as complexidades das topologias de rede, os tipos de redes (incluindo LANs, WANs, MANs e PANs) e o papel dos routers, switches, hubs e placas de interface de rede (NICs) na infraestrutura de rede.

Os leitores são apresentados aos sistemas operativos, protocolos e serviços de rede, juntamente com ferramentas de gestão de rede essenciais para monitorizar e manter o desempenho da rede. O livro explora o IPv4 vs. IPv6, a sub-rede, a atribuição de endereços e a gestão, fornecendo conhecimentos práticos sobre endereçamento e encaminhamento IP.

Os conceitos avançados de rede, como o encaminhamento estático e dinâmico, VLANs, trunking e protocolos de encaminhamento (como OSPF, BGP e RIP) são explicados em pormenor, juntamente com a sua implementação e configuração.

O livro também abrange tecnologias sem fios emergentes, incluindo normas e protocolos Wi-Fi, segurança em redes sem fios e o impacto de tecnologias como 5G e Wi-Fi 6 em infra-estruturas de rede modernas.

O Networking Essentials termina com uma discussão sobre segurança de rede, abordando tópicos como firewalls, sistemas de deteção de intrusão (IDS), redes privadas virtuais (VPNs) e mecanismos de encriptação/autenticação para proteger os activos de rede contra ciberameaças.

Com a sua cobertura abrangente de conceitos essenciais de rede, perspectivas práticas e exemplos do mundo real, "Networking Essentials" equipa os leitores com os conhecimentos e as competências necessárias para conceber, implementar e gerir infra-estruturas de rede robustas e seguras na era digital atual.

Este resumo fornece uma visão geral do livro hipotético "Networking Essentials", destacando os seus principais tópicos e temas.

61

Printed by Books on Demand GmbH, Norderstedt / Germany